THÈSE

Pour

LA LICENCE.

A mon Père et à ma Mère,

HOMMAGE ET RECONNAISSANCE.

A mes frères et sœurs,

BONNE AMITIÉ.

FACULTÉ DE DROIT DE TOULOUSE.

ACTE PUBLIC
POUR LA LICENCE,

En exécution de l'article 4, de la loi du 22 ventôse, an 12,

SOUTENU PAR

M. BUVIGNIER (Isidore Eusèbe),

NÉ A VERDUN (MEUSE).

Sur tous les objets d'étude, fixés pour les trois premières années, desquels ont été extraits les lois, titres et articles suivants.

honestè vivas, neminem lædas
cuique suum tribuas et non tibi
erunt incommodo leges.

JUS ROMANUM.

Livre 2, Titre 15.

De vulgari substitutione.

Substitutio, generaliter est hæredis institutio subjecta aliæ institutioni cujus dependet. Differt ab institutione substitutio in eo quòd simul ad hæreditatem veniunt instituti, dùm contra substituti alii post alios veniunt, secundum inscriptionis gradum.

Substitutionum tres modi sunt: *vulgaris; pupillarris; exemplaria.* Primo ordine loquamur de vulgari substitutione.

Vulgaris est substitutio quandò testator vocat ad hæreditatem unum seu plures hœredes primos, et deficientibus illis unum seu plures hæredes secundos, et loco secundorum alios tertio ordine. In quantùm velit potest testator substituere ut sic certam reddat hæreditatis suæ aditionem; imòque, ut certior sit aditio nullo que modo rejici possit hæreditas, postremo loco potest substituere servum ; ille etenim necessarius hæres est. Plures in unius locum possunt substitui, vel unus in plurium, vel singuli singulis, vel invicem ipsi qui hæredes sunt. Quandò invicem ipsi qui hæredes sunt substituti fuerunt, pars non adeuntis accrescit aliis hæredibus quisque secundum suam partem, et excluduntur hæredes substituti mortui etsi mortuus sit post aditionem hæreditatis, dummodò ante illius mortem non fuerit aperta substitutio. Hic videmus quantum differant effectus substitutionis ab illis juris accretionis; nam illo jure, non solum augetur pars hærédum vivorum sed etiam pars hæredum mortuorum post aditionem hæreditatis. Substitutus substituto censetur substitutus instituto ; id est, si instituto hæredi et cohæredi suo substituto dato alius substitutus fuerit, admittitur substitutum ad utramque partem. Si quis instituerit servum, etsi hæres verè non sit , nam venit domino hæreditas, attamen nulla fit substitutio. Sed si quis instituerit servum quem libertum crediderit , et si hæres non esset, aliquem substituerit, is que servus , jussu domini, adierit hæreditatem , substitutus in partem dimidiam admittitur. Hic casus solus est in quo substitutus simul ad hæreditatem venire potest cum instituto.

Titre 16. *De pupillari substitutione.*

Potest liberis suis impuberibus , quos in potestate habet pater familias, substituere, ut si hæredes ei non extiterint alius sit ei hæres; et ampliùs, ut, etsi hæredes ei extiterint et impuberes mortui fuerint sit ei aliquis hæres. Quà enim dispositione non poterat pupillus impuber mori sine testamento. Sed ut valeat substitutio illa necesse erat ut et ipse pater familias testaverit, nisi fuerit miles. Quandò duobus distinctis testamentis pater familias suâ propriâ hæreditate et illâ filii disposuerit, suum testamentum primò fieri debet, postea illud filii; si contra uno testamento continentur dispositiones utræque, nullus exigitur ordo. Potest substitui liberis primi gradûs sicut et inferioris, sed tantùm quando illi nullâ sub potestate, moriente testatore, esse debent. Posthumis sicut et jam natis substituitur dummodò suprà dicta conditio existat. Sed si timeat testator ne subjiciatur post obitum suum periculo insidiarum filius pupillus, eo quòd interest substituto ut moriatur ille, licet ei vulgarem palam substitutionem facere in primis partibus testamenti et clàm, in inferioribus consignatis cerâ linoque proprio, vocare substitutum si pupillus hæres extiterit et intra pubertatem decesserit; valet attamen substitutio etsi palàm scribatur. Non solùm hæredibus institutis liberis impuberibus sed etiam exheredatis permittit lex substituere, et in eo casu quidquid acquisitum fuerit pupillo, ex hæreditatibus extraneis, legatis, donationibus et quibus libet modis, acquiritur substituto. Hìc dicendum est quantùm differat substitutio vulgaris a pupillari; in primâ hæreditatem solam provenientem a testatore recepit, dùm in pupillari omne quod pupillo est, sive à testatore sive extraneâ causâ proveniat, advenit substituto. Attamen si substitutio patre adrogatore facta sit, ea tantùm proficiunt substituto quæ veniunt à patre adrogatore aut quæ causâ illius recepta sunt.

Potest pater familias singulis substituere liberis sicut et postremo tantùm impuberi decedenti; in utroque casu ratio introductiva substitutionis existit, scilicet ut non moriatur intestatum. Quippe si singuli substitutos habeant non possunt mori sine testamento; si postremus impuber moriens habeat substitutum unum seu plures, ordo successionis legitimæ servatur nam habet hæredem testamentarium. Substuitur autem impuberi aut nominatim aut generaliter. Generaliter , ut puta, *ut quisquis mihi hæres erit.* Quibus verbis vocantur mortuo filio impubere , illi qui et ei scripti sint hæredes et extiterunt , ut pro quâ parte hæredes facti sunt.

Evanescit snbstitutio pupillaris : 1.º pubertate filii, quia tunc testari potens est, nec jam opus est ut pro eo testetur; 2.º si infirmetur testamentum paternum, nam substitutio sequitur illud ; 3.º si decedat filius ante patrem, etenim nunquam habuit jus testamenti; 4.º quàlibet capitis diminutione pupilli sivè ante , sivè post mortem testatoris. Antè mortem testatoris, quia nulla fit potestas paterna; post mortem ejus, quia pupillus qui, maximâ seu minori diminutione capitis nec jam civis est, minimâ, sub potestate alienâ est, non potest testari, et imò testamentum habere.

Extraneo verò, vel filio puberi hæredi instituto, nemo potest substituere , ita ut, si hæres extiterit et intra aliquod tempus decesserit, alius sit ei hæres. Sed potest in eo casu testator obligare institutum ad remittendum alio hæreditatem vel pro parte, vel totam. Sed hoc est fidei commissum et differt à substitutione in eo quòd testatori propriæ tantùm hæreditatis disponere liceat, dùm in substitutione hæres fit substitutus, et ipsa propria instituti bona sicut et hæreditaria colligit.

CODE CIVIL.

Livre 1. Titre 10.
Chap. 1. *Minorité.*

La minorité est l'état dans lequel l'homme, à cause de son âge, se trouve incapable de gouverner lui même sa personne , d'administrer et d'aliéner ses biens. Tout individu qui n'a pas encore atteint l'âge de vingt un ans accomplis, est réputé mineur. La loi dans cet état d'incapacité lui nomme ou lui fait nommer des personnes chargées de défendre ses intérèts; on les nomme tuteurs.

La charge qu'ils remplissent se nomme *tutelle*.

Chap. 2 *Tutelle.*

La tutelle est donc la charge imposée à quelqu'un par la loi, ou par la volonté de l'homme en vertu des dispositions de la loi, d'administrer gratuitement la personne et les biens d'un incapable.

Il y a qnatre espéces de tutelle: 1.º la tutelle des père et mère; 2.º celle déférée par le père ou la mère ; 3.º celle des ascendants; 4.ºcelle déférée par le conseil de famille.

Section 1ere. *De la tutelle des père et mère.*

1.º Nous nous occuperons d'abord de la tutelle des père et mère. le père pendant le mariage administre les biens personnels de ses enfants mineurs, mais cette administration n'est pas une tutelle proprement dite, mais bien plutòt un droit de puissance paternelle. Aussi durant le mariage le père n'est-il pas soumis aux obligations d'un tuteur. A la dissolution du mariage, arrivée par la mort naturelle ou civile, la tutelle des enfants, quand il y a lieu, appartient de plein droit au survivant des époux. Si c'est le père qui survit la tutelle lui est dévolue sans aucune limite, sans aucune restriction ; tandis que si c'est la mère, la loi accorde au père le droit de nommer à celle-ci un conseil sans lequel elle ne pourra faire aucuns actes relatifs à la tutelle. Ce conseil peut ètre imposé pour certains actes seulement et dans ce cas la mère peut agir de son propre mouvement pour tout ce qni est en dehors de ces actes. Mais quelqu'étendus que soient les pouvoirs de ce conseil, ils ne peuvent empiéter sur les actes résultant du droit de puissance paternelle. Sa nomination devra ètre faite soit par acte de dernière volonté, soit par devant notaire , soit par déclaration faite devant le juge de paix , assisté de son greffier. A la différence du père , qui ne peut refuser la tutelle et se faire dispenser qu'en prèsentant un motif lègitime d'excuse , la mère peut refuser de l'accepter , sans même énoncer les motifs de son refus ; mais elle n'en est pas moins tenue d'administrer jusqu'à ce qu'elle ait fait nommer un tuteur. Si la mère tutrice veut se remarier, elle perd de plein droit la tutelle, si, avant l'acte de mariage elle n'a pas convoqué le conseil de famille, pour décider s'il y a lieu à la lui laisser. Si elle lui est conservée son mari lui sera donné pour co-tuteur et deviendra ainsi responsable de la gestion postérieure au mariage. A la mort de la femme les fonctions du mari co-tuteur cessent.

Section 2eme. *(De la tutelle déférée par le père ou la mère)*.

2.º La tutelle déférée par le père ou la mère ne peut l'être que par le dernier mourant, à moins cependant que des causes particuliéres ne le privent de ce droit. Elle doit l'ètre dans les formes prescrites pour la nomination dn conseil donné à la mère tutrice. La mère remariée, si elle a été conservée dans la tutelle, pourra choisir un tuteur aux enfants mineurs de son premier mariage; mais dans la crainte que ce choix ne soit préjudiciable à ceux-ci au profit des enfants du second lit, la loi l'a soumis à l'approbation du conseil de famille. Dans le cas ou la tutelle lui aurait été retirée au moment de son second mariage, elle ne jouirait plus du droit de nommer ce tuteur; car les mèmes motifs éxistent pour qu'on ne veuille pas plus d'une personne de son choix que d'elle pour gérer la tutelle de ses enfants. Le tuteur nommé par le père ou la mère n'est pas tenu d'accepter la tutelle, si toutefois il ne se trouve pas dans la classe des personnes, qu'à défaut de cette élection le conseil de famille pourrait en charger; si par exemple; il n'est ni parent, ni allié et que, dans la distance de quatre myriamètres il se trouve des parents ou alliés.

Sect. 3eme. *(De la tutelle des ascendants.)*

3.º S'il n'a pas été choisi de tuteur aux mineurs par le demeurant des père ou mère, la tutelle appartient de plein droit aux ascendants; à l'aïeul paternel d'abord, à défaut de celuici à l'aïeul maternel et ainsi de suite en remontant, mais en observant que l'ascendant de la branche paternelle doit toujours être préféré à l'ascendant du même dégré de la branche maternelle. Il faut donc pour qu'il y ait lieu à la tutelle des ascendants qu'il n'y ait pas eu choix fait par le survivant des père et mère ; ainsi si un tuteur avait été choisi et que par refus , mort, exclusion , destitution ou tout autre motif, il n'ait pas pris la tutelle, ou qu'il l'ait délaissé avant la majorité du mineur, il n'y aurait pas lieu à la tutelle des ascendants, puisque le survivant en faisant choix d'un tuteur a bien manifesté l'intention de les exclure. Quand, à défaut d'aïeul paternel et maternel du mineur, il se trouve deux ascendants du degrè supérieur , s'ils appartiennent tous deux à la ligne paternelle du mineur, la tutelle passera à celui des deux qui se trouvera être l'aïeul paternel du père du mineur ; s'ils appartiennent à la ligne maternelle , la nomination sera faite par le conseil de famille , qui devra choisir entre ces deux ascendants.

Sᴇᴄᴛ. 4ᵉᵐᵉ *(De la tutelle déférée par le conseil de famille).*

4.º Lorsqu'un enfant mineur et non émancipé, reste sans père ni mère, ni tuteur élu par ses père ou mère, ni ascendants, comme aussi lorsque le tuteur d'une des qualités ci dessus exprimées se trouve dans le cas d'exclusion ou valablement excusé, le conseil de famille doit pourvoir à la nomination d'un tuteur. Ainsi il est évident que la tutelle déférée par le conseil de famille ne vient qu'après toutes les autres, et la raison en est sensible, car quelle garantie plus forte peut-on avoir des intérêts du mineur, lorsqu'ils sont remis aux mains de ses père, mère ou aïeuls , ou des personnes choisies par les premiers. -- Le conseil de famille est composé , non compris le juge de paix , de six membres parents ou alliés du mineur, pris tant dans la commune ou la tutelle est ouverte que dans la distance de deux myriamètres. Chaque ligne doit y être representée également , les parens les plus proches d'une ligne excluant les plus éloignés ; les parens doivent toujours être préférés à l'allié, et parmi les parens du même degré le plus âgé à celui qui l'est le moins. Si le nombre des frères ou beaux frères germains est plus grand que six, ils n'en seront pas moins tous de droit membres du conseil de famille, qu'ils composeront seuls avec les veuves d'ascendants ou les ascendants valablement excusés. S'ils ne complètent pas le nombre éxigé les autres parens seront appelés pour le compléter. Les germains appartenant à l'une et à l'autre ligne peuvent être appelés à représenter l'une ou l'autre. Si, dans l'une ou l'autre ligne, il ne se trouve pas de parens domiciliés dans la distance de deux myriamètres, on ne peut les remplacer par les parens de la ligne qui a déjà fourni trois membres, mais il faut avoir recours à des parents de la ligne défaillante dans la distance sus-nommée, domiciliés à une plus grande distance, ou bien encore à des amis domiciliés dans la commune. La loi a du limiter ce dernier choix dans la commune, parcequ'il eut été injuste d'astreindre des personnes qui ne sont unies au mineur que par l'affection à une charge qui bien souvent eut été onéreuse par le déplacement qu'eut nécessité leur non présence sur les lieux. Mais ces règles pour le choix des membres du conseil de famille, ne sont pas tellement impératives que, le juge ne puisse y appeler des parents qui se trouvent à une plus grande distance, quand bien même il y aurait des parens domiciliés dans la distance prescrite par la loi, s'il juge que ceux-ci ne doivent pas être aussi utiles au mineur que les autres. Néanmoins, il ne peut le faire, que dans le cas ou ceux qu'il appele ainsi à la place des parents domiciliés plus près, ne sont pas à un degré plus éloigné que ceux-ci.

Le conseil de famille peut être convoqué, soit à la diligence et sur la réquisition faite au juge de paix ou par les parents du mineur, ou par les créanciers ou par tous autres intéressés ;

soit d'office et à la poursuite du juge de paix du domicile du mineur. le domicile est celui du survivant des époux. Le juge devra fixer un jour certain pour la réunion du conseil; l'intervalle entre la citation et la comparution doit être de trois jours francs au moins quand les parents sont domiciliés dans la distance de trois myriamètres, en ayant soin d'augmenter le délai d'un jour par trois myriamètres de plus-distance. Il n'est pas nécessaire que cette citation soit faite par le ministère d'un huissier, à moins que le juge ne le croye convenable, à raison, par exemple, de la mauvaise volonté présumée d'un des appelés. Les membres ainsi convoqués sont tenus de se présenter; soit en personne, soit par un fondé de pouvoir spécial, sinon ils seront condamnés sans appel à une amende qui ne poura excéder cinquante francs, à moins qu'ils ne présentent une excuse légitime, auquel cas le juge décidera s'il y a lieu à remplacer l'absent ou à l'attendre ; et dans cette dernière hypothèse il ajournera l'assemblée ou la prorogera selon qu'il le croira convenable aux intérêts du mineur. Le mandataire ne pourra jamais représenter plus d'une personne, car s'il en était autrement le nombre des votans serait restreint et l'intention de la loi serait éludée. Il n'y aura pas lieu à délibérer si les trois quarts au moins des membres du conseil de famille ne sont présents au lieu et à l'heure fixée par le juge. Celui-ci en fait partie, et le préside ; mais cependant sa présence ne compte pas ponr le complèment des trois quarts éxigés pour délibérer. S'il y a six membres seulement, il faut qu'il y en ait cinq présents, et en cas de partage dans les opinions, celle à laquelle s'est rangé le juge doit l'emporter, parceque la loi lui a accordé non seulement voix délibérative, mais encore voix prépondérante, qui à la fois compte dans la délibération et en cas de partage emporte la balance. Le législateur a voulu obvier ainsi aux inconvénients qui pourraient résulter des retards apportés par la nécessité dans laquelle on aurait été d'appeler de nouveaux membres au conseil de famille.

Du protuteur.

Si le mineur domicilié en france a des biens dans les colonies, ou réciproquement, il lui sera nommé un protuteur. Dans ce cas le tuteur et le protuteur agissent indépendamment l'un de l'autre et ne sont aucunement responsables pour leur gestion respective. Il y a cependant une exception à la nomination du protuteur, c'est lorsque le mineur est sous la tutelle de ses père ou mère; dans ce cas, en effet, cette nomination porterait atteinte aux droits qu'ils ont sur ses biens et sur sa personne, car, les revenus du pupille leur appartenant ils seraient sous la dépendance du protuteur pour les toucher. Le tuteur entrera en fonction du jour de sa nomination, s'il était présent et, s'il était absent au moment ou'il a été nommé, il y entrera du jour de la notification à lui faite par un des membres du conseil de famille pour ce désigné. Les héritiers du tuteur, sont tenus de continuer son administration jusqu'à ce qu'on en ait nommé un nouveau, s'ils sont majeurs; majeurs ou mineurs ils demeurent responsables de la gestion de leur auteur car puis qu'ils recueillent les avantages de la succession ils doivent en supporter les charges.

Du subrogé tuteur.

(Sect. V)

Dans toute tutelle, il doit y avoir un subrogé tuteur, nommé par le conseil de famille. Cette disposition de la loi a eu pour objet de maintenir les intérêts du mineur, lorsqu'ils se trouvent en opposition avec ceux du tuteur. Les tuteurs autres que ceux nommés par le conseil de famille, sont tenus de le convoquer avant d'entrer en fonctions, à l'effet de nommer un subrogé-tuteur; s'ils s'ingéraient dans les affaires de la tutelle sans remplir cette obligation, ils pour-- raient en être destitués, sans préjudice des indemnités dues au mineur, s'il y a lieu. C'est au conseil de famille dans ce cas, à prononcer s'il y a eu dol et par suite a restituer la tutelle; mais il appartient au tribunal seul à décider s'il y a lieu ou non à des indemnités. C'est devant le tribunal aussi que, le tuteur peut se pourvoir contre la décision du conseil de famille, qui lui a retiré ses fonctions. Dans la tutelle déférée par le conseil de famille, il sera procédé à la nomination du subrogé tuteur, immédiatement après celle du tuteur, sans qu'il puisse être choisi, dans la ligne à laquelle appartient déjà celui-ci, pour éviter ainsi toute influence d'une ligne sur l'autre. on déroge cependant à cette règle, quand ces fonctions sont dévolues à des frères germains. Lorsque la tutelle devient vacante, il est du devoir du subrogé-tuteur de provoquer la nomination d'un nouveau tuteur sous peine de dommages intérêts envers qui de droit; car ses fonctions ne cessent pas par la cessation de celles du tuteur, mais seulement avec la tutelle. Il appartient au subrogé-tuteur de provoquer la destitution du tuteur soit pour inconduite notoire, soit pour tout autre cause préjudiciable aux intérêts du pupille, le tuteur ne jouit pas des mêmes droits à l'égard du subrogé-tuteur. Il ne peut provoquer sa destitution, ni voter dans les conseils de famille soit pour la nomination, soit pour la destitution, car souvent il pourrait arriver qu'il eut intérêt à faire écarter un homme, dont il aurait à craindre la vigilance.

Des causes qui dispensent de la tutelle.
(Sect. VI)

Sont dispensés de la tutelle: les princes du sang, les maréchaux de france, les inspecteurs généraux, les pairs, les conseillers d'état, les députés, les présidents et conseillers à la cour de cassation, le procureur général et ses avocats généraux en la même cour, les membres de la cour des comptes, les préfets; tous citoyens exerçant une fonction publique dans un département autre que celui où s'ouvre la tutelle; les militaires en activité de service; tout citoyen

remplissant hors du territoire du royaume une foncti on du gou-
vernement. Si cependant un citoyen placé dans une de ces caté-
gories avait accepté la tutelle postérieurement aux fonctions, services
ou missions qu'il remplit , il ne sera plus admis à s'en faire
décharger pour cette cause. Mais si les dites fonctions, services ou
missions lui sont advenues postérieurement à l'acceptation et gestion
d'une tutelle, il lui est libre de faire convoquer dans le mois le conseil de famille pour y être procédé à son remplacem ent; et si à
l'expiration des dites fonctions, services ou missions, le nouveau
tuteur demande sa décharge ou si l'ancien redemande la tutelle
elle pourra lui être rendue par le conseil de famille.

Tous citoyens, non parents ni alliés ne peuvent être forcés
d'accepter une tutelle si dans la distance de quatre myriamètres
il se trouve des parents ou alliés en état de gérer; car il est bien
naturel, que les charges de la famille tombent de préférence sur
ceux qui peuvent profiter des avantages, plutôt que sur des étrangers. Dans l'intérêt du vieillard à qui il eut été pénible dans un
âge avancé d'être chargé des soins d'une tutelle et dans l'intérêt
du pupille dont les affaires pourraient quelquefois être mal gérées
par un homme affaibli par l'âge, le législateur a voulu que tout
individu agé de soixante cinq ans accomplis, pût refuser d'être
tuteur, et que celui qui nommé avant cet âge, aurait atteint celni
de soixante dix ans, pût se faire décharger de la tutelle. Sont encore
dispensés de la tutelle: 1.º tous individus atteints d'une infirmité
grave, et s'ils en étaient chargés antérieurement à la survenance
de cette infirmité, ils peuvent demander à en être libérés; 2º. tous
individus chargés déjà de deux tutelles; 3º. celui qui époux et père,
sera chargé d'une; néanmoins il sera tenu d'accepter celle de ses
enfants. Tous citoyens, ayant cinq enfants légitimes, les enfants
morts ne comptant pas, à l'exception de ceux, morts en activité de
service ou ayant laissé des enfants actuellement éxistans, sont encore

dispensés de toute tutelle autre que celle de leurs enfants. Il faut dans ce cas ci que les cinq enfants existent réellement ou soient représentés ou morts au service au moment de l'entrée en fonctions et de ce que le nombre d'enfants éxigé par la loi serait atteint postérieurement à l'acceptation, il ne s'ensuivrait pas que le tuteur pût se faire décharger de la tutelle.

Si le tuteur était présent à sa nomination, il doit présenter ses excuses sur le champ, sous peine d'être déclaré ultérieurement non recevable; s'il n'était pas présent à la délibération il aura le délai de trois jours, à partir du jour de la notification, pour convoquer le conseil de famille et lui exposer ses motifs d'excuse; ce délai sera augmenté d'un jour par trois myriamètres de plus-distance du lieu de son domicile à celui de l'ouverture de la tutelle. Si les excuses sont rejétées il pourra se pourvoir devant les tribunaux contre la décision du conseil de famille, et dans le cas ou le tribunal les admettrait, ceux qui dans le conseil de famille se seraient opposés à leur admission pourront être condamnés aux dépens; s'il succombe au contraire, il y sera condamné lui même. Mais en tout cas, il est tenu de l'administration des biens et de la personne du pupille pendant le litige. Toutes ces dispositions dernières s'appliquent à tous les tuteurs autres que les père et mère.

CODE DE PROCÉDURE CIVILE.

Livre 2, Titre 3. *Des exceptions.*

Les exceptions sont les moyens par lesquels le défendeur, sans entrer dans la discusion de la demande, prétend établir que le demandeur en doit être exclu pour un temps ou pour toujours.

Elles se divisent: en déclinatoires; péremptoires quant à la forme; dilatoires; péremptoires quant au fond.

Chap. 1. *De la caution à fournir par les étrangers.*

Il s'agit ici d'une exception dilatoire; elle tend à différer la décision de la question jusqu'à ce que le demandeur ait fourni caution.

Tous étrangers, demandeurs principaux ou intervenants, seront tenus, si le défendeur le requiert avant toute exception, de fournir caution de payer les frais et dommages intérêts aux quels ils pourraient êtres condamnés. Et si la loi en dispense l'étranger dans certains cas dont nous parlerons plus bas, hors de ces cas, elle n'admet point de distinctions de personnes; quelque soit sa dignité, son rang ou sa position elle l'astreint à cette formalité parce qu'elle ne doit pas présumer la bonne foi, ou l'établir nécessairement chez certaines gens. Ainsi un ambassadeur, un roi même qui se présenterait comme demandeur devant un tribunal francais, serait forcé à fournir caution, sur la réquisition du défendeur, parçe qu'à raison même de sa puissance, il pourrait être porté à se mettre au dessus de prescriptions de la loi, quand elle le contraint, bien qu'il cherche à en profiter si elle peut lui être favorable. Au reste, la caution étant prescrite dans l'intérèt du défendeur à l'effet de le faire rembourser des frais qu'il a été forcé de payer, si la partie demanderesse succombe, il faut pour quelle soit four nie, qu'il l'ait éxigé; elle n'est pas de droit. Nous disions tout-à-l'heure, que la loi avait indiqué certains cas dans les quels l'étranger était dispensé de fournir la caution; il nous semble utile de les citer. Ainsi; 1.º en matière de commerce, il n'y a pas lieu à fournir caution. Le législateur a senti que cette exigence eut pu apporter des entraves, des retards dans ces sortes d'affaire, qui réclament toujours de la célerité; 2.º il n'y a pas lieu non plus à le demander, s'il éxiste un traité qui en dispense réciproquement les français et les étrangers de la nation qui a consenti le traité; 3.º quand un étranger a été admis à établir son domicile en france; 4.º s'il y possède des immeubles d'une valeur suffisante pour assurer le paiement des frais. L'étranger tenu de fournir caution peut être admis à déposer à la caisse des dépôts et consignations une somme qui sera fixée par le jugement qui ordonnera la caution et il sera dispensé de fournir celle-ci. Cette mesure à du être permise au demandeur parce quelle peut lui offrir plus de facilité pour son éxécution, d'autant mieux qu'il y a plus de sûreté dans la chose que dans la personne. La caution doit être demandée par requête d'avoué à avoué.

CODE DE COMMERCE.

Du Concordat.

Chapitre 6. Section, 1ere. et 2e.

Le concordat est le traité qui intervient entre les créanciers et le failli. Bien qu'il ait été introduit dans l'intèrèt des uns et des autres, la loi y a cependant posé des limites que les créanciers unanimement consentants ne pourraient même outrepasser. Ainsi il eut été possible que le failli de mauvaise foi eut pu amener, soit par des promesses, soit par un exposé de situation fallacieux les créanciers à consentir au concordat; aussi a t'elle éxigé, comme sureté de l'opportunité, le consentement d'un certain nombre de créanciers formant non seulement majorité numérique de personnes, mais encore formant par la réprésentation de leurs créances, les trois quart de la totalité. Et pour plus de garantie encore elle a voulu que le concordat ne fut éxécutoire pour les parties intéressées qu'après l'homologation du tribunal de commerce. En certains cas elle a interdit toute espèce de traité entre les parties, mais en tout cas, elle éxige comme préliminaire indispensable certaines formalités sans les quelles on ne peut passer outre à la fonction du concordat.

SECTION I.

De la convocation et de l'assemblée des créanciers.

Les créanciers, dont les créances ont éte verifiées affirmées, ou admises par provision, doivent être convoqués dans les trois jours qui suivent le délai prescrit pour l'affirmation, par le greffier que le juge commissaire doit en charger, à l'effet de délibérer sur la formation du concordat. Les lettres de convocation et les insertions dans les journaux spécifieront l'objet de l'assemblée ou les créanciers sus nommés doivent se rendre en personne ou par fondés de pouvoir. Le failli doit y être appelé et s'y présenter en personne, à moins que pour des motif plausibles, le juge ne l'ait autorisé à s'y faire représenter. Les syndics rendront compte dans cette assemblée de l'état de la faillite, des formalités qui auront été remplies et des opérations qui auront eu lieu ; car il faut bien qu'avant de prendre une détermination décisive les créanciers puissent connaître la situation certaine du failli. Celui-ci sera entendu, et le juge après avoir reçu des syndics le rapport qu'ils auront signé, dressera procès-verbal de tout ce qui aura été dit et décidé dans l'assemblée.

SECTION II.
De la formation du concordat.

Les créanciers seuls qui ont intérêt à la formation du concordat jouissent du droit de délibérer dans les assemblées qui y sont relatives ; ainsi les créanciers hypothécaires ou ceux qui sont nantis de gages, bien qu'ils aient le droit d'y assister, n'y ont point voix délibérative, car ils n'ont aucun intérêt à ce que le concordat se fasse à telles ou telles conditions, puisque l'immeuble affecté à l'hypothéque ou les gages qu'ils retiennent, leur assurent le paiement de leur créance. Le vote de ceux-ci au concordat emporte de plein droit la renonciation au bénéfice de l'hypothéque ou du age. Le concordat doit être signé séance tenante ; cependant si l'une des conditions éxigées est seule remplie ; c'est-à-dire, si le concordat est consenti seulement par la majorité en nombre ou par la majorité des trois quarts de la totalité des créances en somme, la délibération sera remise à huitaine, parcequ'il peut arriver que dans ce délai on puisse obtenir l'accomplissement de la condition défaillante.

Si pendant le cours de la délibération sur le concordat, une instruction en banqueroute frauduleuse est commencée contre le failli, les créanciers devront y surseoir et décider s'ils veulent la continuer en cas d'acquittement ou à l'issue des poursuites. En cas de condamnation le concordat ne pourra être formé. Si le failli est poursuivi comme banqueroutier simple les créanciers seront tenus d'arréter toute délibération relative au concordat jusqu'à l'issue des poursuites ou jusqu'à la condamnation, après quoi ils pourront en reprendre la formation. Bien que le concordat soit légalement formé, tous créanciers ayant droit de concourir ou dont les droits auront été reconnus depuis, pourront y former opposition, qu'ils motiveront et signifieront aux syndics et au failli dans les huit jours qui suivront le concordat; s'il n'y avait qu'un seul syndic et qu'il fut opposant il devrait en faire nommer un nouveau afin qu'il puisse lui signifier son opposition. Si le tribunal de commerce est incompétent sur les questions contenues dans les motifs d'opposition il devra surseoir à prononcer jusqu'après la décision des dites questions et il fixera un bref délai dans le quel le créancier opposant devra saisir les juges compétents et justifiera de ses diligences. L'homologation du concordat doit être demandée au tribunal de commerce par la partie la plus diligente, le tribunal ne pourra prononcer qu'après l'expiration du délai de huitaine d'opposition, et sans qu'il ait entendu le rapport du juge commissaire; et si pendant ce délai de huitaine il y a des oppositions présentées, le tribunal prononcera par un même jugement sur les oppositions et sur l'homologation. Si une opposition est admise l'annulation du concordat sera prononcée, sinon il sera déclaré obligatoire pour tous les intéressés. Le tribunal peut refuser l'homologation , qu'il se fonde , soit sur l'inéxécution des règles prescrites , soit sur des motifs qui touchent à l'intérèt public ou à l'intérêt des créanciers.

L'homologation conserve à chacun des créanciers l'hypothéque prise au nom de la masse par les syndics, ceux-ci devront faire inscrire au bureau des hypothéques le jugement d'homologation à moins qu'il n'en ait été décidé autrement par le concordat. Une fois l'homologation accordée par le tribunal le concordat ne peut être attaqué que pour cause de dol découvert depuis , soit que l'actif ait été diminué, sans que l'actif ait été éxagéré. Aussitôt après que le jugement, accordant l'homologation, sera passé en force de chose jugée , les fonctions des syndics cesseront ; ils rendront au failli un compte définitif, qui sera débattu et arrèté en présence du juge commissaire, qui dressera procès-verbal de tout ce qui sera dit et arreté. Les syndics remettront au failli tous ses biens, livres, papiers et effets dont celui-ci leur donnera décharge. En cas de contestation le tribunal de commerce prononcera.

Cet acte public sera soutenu le 2 Août 1838 , *dans la séance qui commencera à huit heures du matin.*

Vu par le Président de la Thèse ,

FERRADOU.

9 782019 994495